VOCABULARIO
Petite Biblioteque Americaine

CASTELLANO - CUNA

Por Alphonse Louis Pinart
Panama 1882-1884

Ernest LeRoux Editeur
28, Rue Bonaparte 28, Paris
1890

VOCABULARIO: CASTELLANO – CUNA

Por Alphonse Louis Pinart

ISBN-10: 0-934523-25-8

ISBN-13: 978-0934523-25-7

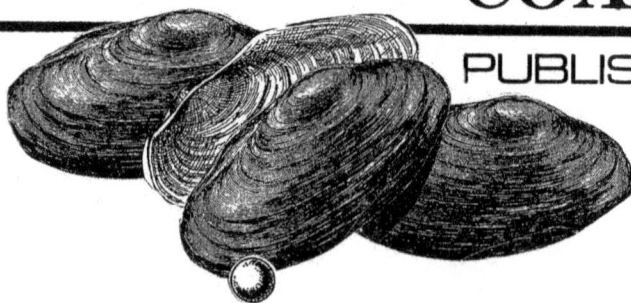

MIDDLE COAST

PUBLISHING

Editor@Middle-Coast-Publishing.com

LOS INDIOS CUNAS O DARIENES

La nacion Cuna ó Darien pertenece a la exten-
siva familia linguistica de los Caribes cual se ex-
tiende por las costas de la Mar de las Antillas
desde Venezuela hasta mas alla de las fronteras
de Panamá y Costa-Rica.

Las limites de la nacion Cuna, al tiempo de la
conquista de los Españoles, parecen haver sido :
al oeste : una liñea partiendo del rio Chagres en
la costa del norte y llegando a la punta de la
Chorrera en la mar del Sur : entre la nacion
Cuna y la nacion Guaymie existia un territorio
neutro en el cual ninguna de las naciones se
aventuraba ; por el este y el sur llegaban los
Cunas hasta el Rio Cacarica, la sierra del Espi-
ritu santo y el Rio Sambu los cuales les separa-
bàn de los Chocoes ; atraviesaban asimismo el
golfo de Uraba ó Darien del Norte y poseian pueblos en la parte oriental de aquel golfo. Ahora,

1

despues de su ultimo alzamiento en 1772 viven muy retirados en las sierras y rios de la comarca del Darien y con muchisima dificultad dejan pasar a los blancos ó negros por sus tierras.

El numero de ellos puede ascender hoy a 8,000, repartidos en muchos pueblos y rios : estan divi_ didos en muchas tribus ; pero ellas todas hablan la misma lengua con variaciones a penas perceptibles.

Los docmentos que publico ahora fueron recogidos durante mis estancias en el estado de Panamã de 1882 à 1884. Me ayudaron en estos trabajos el finado Don Tomas J. Carranza, hombre de mucha fineza y inteligencia, quien pasó muchos años de su juventud entre aquellos Indios ly varios Indios principales de Paya, de los altos del Rio Bayamo y de la bahia de San Blas en a costa del Norte.

He escrito el Cuna con los caracteres del alfabeto Castellano por estar la lengua muy vocalica y no tener necesidad de otros caracteres: y a mas para facilitar a los Panameños aprender con menos dificultad este idioma.

En lo que toca a la gramatica razonada tengo que advertir que vendra la publicacion mas tarde como parte de una obra mas general de gramatologia Americana.

EL AUTOR.

LENGUA CUNA

BREVISIMAS NOTAS GRAMATICALES

La lengua Cuna tal como se habla entre los Indios de la mayor parte del Darien es muy vocálica y contiene, à proporcion de las otras lenguas Centro y Sur-Americanas, una cantidad mas importante de vocales. — Como no havia necesidad de hacer uso aqui del alfabeto de Lepsius y, como deseo que el vocabulario sea de alguna utilidad a los habitantes del Istmo he resuelto usar solamente del alfabeto castellano con sus combinaciones.

El alfabeto Cuna contiene 21 caracteres; a saver: a, b, c, d, e, f, g, h, i, j, l, m, n, o, p, q, r, s, t, u, v, y, z.

Algunas vocales y consonantes se mudan entre si y, como sucede muchas veces que los Indios hablan de una manera poco distinta, la confusion entre vocales y consonantes se hace muy facil

El nombre sustantivo no se declina y no tiene, forma fija.

El plural se forma con las palabras *gana, ambal, ambali* pospuestas; algunas veces tambien para dar mas fuerza se reduplica el nombre.

Chapi,	arbol,	*chapigana,*arboles; (multitud de arboles).
hulugua,	canoa,	*hulugana*
Ocob	coco	*ocogana* ó *ocombal*
neca	casa	*necambal* ó *necaneca*, muchisimas casas.

El adjetivo no tiene tampoco forma particular y generalmente se pone despues del sustantivo :

Mastol nuchueti, hombre bueno.

Los comparativos y superlativos se forman anteponiendo al adjetivo respectivamente las palabras *bul* para el comparativo, y *pitibul* para el superlativo :

nuhueti, bueno; *bulnuhueti*, mejor; *pitibul-nuhueti*, muy bueno.

Este hombre es bueno pero ese es mejor : *iti mastol nuhueti adi mastol nuhueti a chuli.*

Este hombre es mejorque los otros : *iti mastol nuhueti amal emalbimal.*

Estos dos ultimos ejemplos dan otras formas del comparativo.

Los pronombres personales son los siguientes

Io,	ani, an	nosotros,	nen, nenmal
tu,	pe, be,	vosotros,	pemal
el, ella,	ati, a,	ellos, ellas,	amal

Los pronombres posesivos siempre antepuestos son los siguientes.

mio *an, angati;* nuestro, *nengati; nen*

tuyo *pe, pegati;* vuestro, *pemalgati; pemal*

suyo, del *a, atigati, agati;* suyo, dellos *amalgati; amal*

mi caballo. *angatimoli, anmoli*

De quien es esta casa ? *iti neca teguamal gatite ?* de nosotros, *nengati.*

Los interogativos :

Quien ? *tegua ?* Cual ? *piti ?*

Los demostrativos :

este, *iti ;*	ese *adi*
el otro, *abi ;*	los otros, *emalbi.*

El verbo.

Inf. ir.	*nao*
Ind. presente : Yo voy	*an nao*
tu vas	*pe nao*
el, ella va	*abi nao*
nosotros vamos	*nen, nenmal nao,*
	etc.

Imperf. Yo iba	*an nanedi*, etc.
Perf. Yo fui	*an negua, an arpi*, etc.
Imp.	*nao*
Futuro : Yo ire	*an quebnao*, etc.

Particulas prepositivas pospuestas :

... guin,	en, arriba, a dentro
... ga	con
... e, je	de, *lat.* e.
necaguin	en la casa
nenga	con nosotros
necaje	de casa (e domo).

Para contar :

Uno	*Cuénchique*
dos	*pócua*
tres	*págua*
cuatro	*paquégua*
cinco	*atále*
Seis	*nércua, nerícua*
Siete	*cublégue*
Ocho	*pabáca*
Nueve	*paquébague*
diez	*ambégui*
Once	*ambégui cacá cuénchique*, etc.
Veinte	*tulábuena*
treinta	*tulábuena cacá ambégui*

Cuarenta	*tulápocua*
Sesenta	*tulápagua*
Ochenta	*tulápaquégua*
Cien	*tulá atále*
Mil	*tulá gudna buena*

VOCABULARIO

CASTELLANO-CUNA

A

Abajo	ulbál.
Rio abajo	ti cubál.
Abierto	ecaéchi.
Abra en el monte	chapur ecác.
Abrir	ecáegal.
Abrir la puerta	necguánab be ecáe.
Abrir los ojos	imía acaégal.
Abrir un camino	icál guimáque.
Abuela	nan tumat.
Abuelo	pap tumat.
Abundante	ganagúa.
Acabar	nuguérocús.
Acariciar	to tóga.

Acero	esnáli.
Acuestas	cholbál yancála.
Llevar alguno á cuestas	cholbál yancála cuencheye.
Acumular	olmané.
Adelante	toqué.
Pase adelante	pe toqué.
El camino sigue mas adelante	icalbál umpá nanédi.
A dentro	yárqui.
Adoptivo, hijo adoptivo	te máchi ansécolo.
Padre adoptivo	te pap ansécolo.
Aficionado a las armas	yer pili amiét.
Agarrar	caégal.
Agrio	cholé.
Agua	ti
Las aguas son altas en el rio	equétinochúli.
Aguacate	asué.
Aguardarse	aptacuélo.
Aguardate	pe aptacó.
Aguardiente	ináti tiniguá.
Agudo	ibtucúnicáte.
Aguila	chulub.
Aguja	molmaquéco.
Ahogarse	ogángu.
se volteó la canoa y se ahogó	ulú opisál te ogángu.

Ahora	imiscúa.
ahora mísmo.	imis-imís.
ahora hasta la vísta.	saná néntal tamálo.
Aji	ca.
aji pimiento.	ca ológua.
aji picante.	ca pur.
aji dulce.	ca ochígua.
Alcalde	alcal, chigla.
Alcanzar	chúgal.
Esto es muy alto y no lo puedo alcanzar	untáo nígpa mai quegúe chúgal.
Alcatraz	chalú.
Alegre	guelgú.
Algo	mas.
Algodon	úbsana.
Alístaremos la comida	mas nuté quemálo.
Alli	tébali.
Alma	ibí itrigúine.
Almejas	chalú matárra.
Almohada	chaglá chiét.
Almorzar, (vamos a)	marcún némala.
Amar	chabúet
Amarrar	etinóete.
A menudo	palipali.
Amistad	ayá.
Amontonar	túrgua olmáque.
Amor	chabúet.
Anciana	mu.

Anciano	tar.
Ancla	húlu chíete apingúer.
Andar	manégal.
Anegadiza (tierra)	nepátoquéte.
Animal	ib.
« domestico.	ib túla.
« del monte.	ib chápur.
Anoche	chaé mútiqui.
Año	pírcabali.
Antes de ayer	astó.
Anzuelo	achúel.
Apagar	aquiné.
Aposento	néca yaguin.
Apurarse, tenemos que apurarnos	cúeya némala.
Apurate un poco para que llegamos temprano	cantiqui be palmáque cu yégue omógal.
Aqui	itíguin.
Aqui no hay nada	itíguin igúen chulí.
Araña	necguilúbu (?)
Arbol	chapi, gual.
Arco-iris	nígpa igúilubchiét.
Ardita	qúini.
Arena	ucúbu.
Arete en la nariz	achúquinét.
Arraijan	arraíjan.
Arrepentirse	yápa.

Arriba	nacuáles.
Arribar	omoscu.
¿ Cuando arribaste ?	ingó pe omós.
Acabo de arribar	québe omós.
Arrojar	tarmétegal.
Asi asi	teyópi.
Asiento (toma-)	canáguin be chicúe.
no hay asiento en la casa	nécáguin can chulí.
Atar	cumaco.
Atras	chólbal.
Aurora	neú ibidániqui.
Avisar, nos avisaras cuando sera tiempo	pe naé chogálile peangachocó.
Ayer	chaé.
Azada (carne-)	chaná narségal.
Azucar	achá cua macáleti.
Azul	arráti.

B

Bahia	telmá matá.
Bailar	quinégal.
Baile	quiné.
Baile religioso	aguayácan.

Bajar, cuando baja la marea.	muné inénatopáli.
« esta bajando el rio.	ti inénatopáli
« una cuesta	yalá otégal.
« una cosa	imál otégal.
Bajo, el rio esta bajo.	ti iliál.
Ballena	hugúa chenétu.
Balsamo	paglá..
Balza	ucúrga.
Banco	can, cána.
Barato	penguil, múis.
El compró este cuchillo barato	abi pája ití estína múis
Barba	sipúlal.
Barriga	chapála.
Barro	nábsa cuamácaleti.
« para ollas	nábsa mete chóbgal.
Bastante	ichó.
Baston	necárgual.
Baul	hulúgua.
Bautismo	nusáne.
Beber	copé.
Bejuco	tupú.
« real	chatéqui tupú.
Berraco	chiná máchi,
Bien	etó.
Muy bien	etó-jo.
Bijao	húrgua.

Blanco	chipúgua.
Boca	cacá.
Bocabajo (pes)	arqúia.
Bonito, piedra bonita	acúa naprítaléque.
Borrasca	punúa ístár coldaníque.
Botar	uitedé.
Bravo	umóe.
esta muy bravo	yen umóet.
Brazo	chíncal guál.
Brea	pánia.
Bueno, tiempo bueno	nuguérgui.
Buénos dias	pulé hoipos.
Buho	tulé, cuiél.
Buscar	amiét.
ir en busca de algo de comer	mas cúne amiét ímal.

C

Caballo	mólicabái.
Cabecera delrio ¿ donde estan las cabeceras del rio ?	piáje iti ti étucubal pes ?
en la sierra alta	yalágambáli.
Cabeza	chaglá.

Cabimar	chógla.
Cabra	chipát
Cacao	chiágua.
Cacique	tulé machárret.
Cadaber	tulé oguigújal.
Cada uno en su turno	cuéna cuéna.
Caer, tu casa esta para caerse	pe néca agláre dániqui.
Café	capí.
Caimito	islúb.
Calavera	guácal tulé ocúie.
Caldo	liché.
Calentura	húgal nicágua.
Callado	yaguagú.
Calle	guirso.
Calor	nehúgue.
tengo calor	nehúgue an itoguéte.
Calvo	nono chúligua.
Calzon	cuarmóla, calsóna.
Cama	mecúeti.
Camaleon	iscála.
Cambiar. Tienes que cambiar el techo de tu casa ó poner lo de nuevo	pe néca ecaglámal pe ocuáue (ó) pinúne.
Camino	icála.
« de enemigo	pilí icála.
Camisa	yògala.

Camote	cuaálo.
Canalete	cáme.
Candela	cumaque, choó.
Canela	chiáguaguamáquet.
Cano	chirtiquit.
Canoa	hulúgua.
Cansado	ulúcus.
Cansarse, mucho me cansé	ichó an ulúcus.
Cantar	namaque.
Caña brava	chúgual.
« dulce	cayá.
Cañaveral	cayángui.
Capitan	captána.
Caracol de mar	chálu acárlacála.
Carbon	chógun.
Carcel	tulécal.
Carey	yanuca.
Cargado.Mi canoa esta-muy cargada	an hulú guilúbu actiqúe-ti.
Carne	chána.
« cocida	chána tuáleti.
« azada	chána nársegal.
« la carne no esta bue-na,tiene muchos dias de estar en la casa	echána chéle ipenácar chána chapómai.
« la carne del monte me prueva muy mal	chapúr chána istár an itoguéte.

2

« de la carne del monte solo la perdiz y uno que otro pajarito — chána chapúr putú acalá-calá chiquimal queban·cuno.

« de la carne de pescado cualquiera que sea — uguámal chána calquibi

Caro — carque.

  vendes caro — pe carque uqueta.

Carpintero (paj.) — cháli.

Casa — néca.

Cascabel — estólol.

Cascara estoposa, ñumi — cucuá.

Castigar — otúrtaque.

Cauchu — cunú.

Cayman — táim.

Cazar. — imál aminé.

Cebolla — máchinutáquet.

Cedro cebolla — húlub gual nóbleti.

  « bueno — húlub gual quiniti.

  « espino — ígchigual.

Cejas — imía apinguilete.

Celoso — apúna atárquichi.

Cementerio — tigué néca.

Ceniza — punú.

Cepo — cepi.

Cerca. — El pueblo esta cerca, ya se ven las casas — cuepúrmal eque panachú-li, nécamal úniatáquet.

Cerca (subst.)	émáquet.
Cercar una casa.	néca emáquet.
Cerradura	nec cháctiet.
Cerrar	cháctiet.
« cierra la puerta	necguánab cháctiet.
Chaquiras.	huíni.
Chicha	iná.
Chocolate	lischiágua.
Choló	chágla chóqui.
Ciego, esta ciego	ibia chúli, queatáb.
Cielo	nígpa.
Cien, ciento	tulá atále.
Ciencia (tiene -)	guíchir.
Cieno	olívi.
Cientipies	nacúbpucúa.
Ciesto	chúna chúna.
Cinco	atále.
Cintura	abógan úlbal.
Circulo	ibí ológua.
Ciudad	acúanéca, cuepúrchúneti
Claro	talál.
« el dia esta claro	ipé talál.
« noche clara	mútiqui talál.
Cocer	molmáquet.
Cocido, carne cocida	chána tuáleti
Cocina	chónéca.
Coco.	ocób.
Cocobolo	chógualcúa.

Codo	yócor chúmal.
Codorniz	chuiúicúa.
Cola	pun.
Colgaremos nuestros hamacas	nen cáchimal nachimálo.
Colar	iguitálegue.
Colorado	quiniti.
Comejen	chamú.
Comer.	cúne.
« quiero comer	anmas cúmbie.
« ¿ que comeremos?	igúi nen cúno ?
« lo que haya	angan unmálo.
« estuvimos tres dias sin comer	ipá pugúa mas cuénito chúli nenmal.
« esta flaco, no tiene de comer	abicála mai máchi cuénnica chúli.
« el come mucho	ichó mas cúne.
Comida	onó.
« No encontraremos comida	omóscu máchi nen onó chúli.
Comilon	úis cúne,
¿ Como estas?	pe pulégua ?
« bien y tu ?	núsal pediná ?
¿ Como estas de salud ?	pe abogándi pulégua ?
estoy bueno, gracias	núet chun chóquet
hoy estoy muy bien.	hoipója cachál chúnate
¿ Como esta su padre ?	pepap pulégua
« esta con resfrio	anpap támpecojal

¿ Como no sabes ?	uni begúi chúli.
Conejo machango	huchó.
— pintado	chúle.
Conocer, cuando uno conoce a otro	ambegúichu.
Constante	yáblique.
Contar	episé.
Contento	guelgú.
Cuando uno esta contento con lo que tiene	ibnicáte anguelgúin.
Contestar	chumáque.
«No me quieres contestar.	yapá anga chumáque.
Corazon	cuéqui.
Corcovado	yancálguin chimúrnica.
Corotú (arb.)	tapá.
Corozo	chámu.
« Palo de corozo	chámugual.
Correr	ucúmaque.
— con ligereza	ucúrmaque tapáli.
Corriente del rio	ti chúquet.
Cortar	chiglileja.
Cosa, notiene cosa	masigúen chúli pacá.
Cosechar	y algúin ımál huéye.
Costilla	gualgual.
Crecer, cuando crece la marea	múne nucuialé.

Crecido, el rio esta crecido — ti nomái.

Crepusculo — neibújáte.

Cristal — acúa chipugúa.

Crudo — maqui.

Cuando dos se quieren bien — ayá tupunú.

¿ Cuando sera ? — chanáje tédi ?

« en esta semana — ití chimánguin.

Cuando se habla de algo irregular — te istár chijáte.

Cuando uno esta bien con todos — yer persabúma.

Cuadrado — ibí aquéte

¿ Cuantos dias hace que no lo has visto? — ipicúa pe atá chúli.

Cuarenta — tulápocúa.

Cuarto — néca yáguin.

Cuatro — paquégua.

Cubrir — atúgal.

Cucaracha — nabaúlague.

Cuchillo — estin.

Cuello — camu.

Cuerno — molpépe.

Cuerpo — abógan.

Cuervo — tuatúa.

Culebra — nágpe.

Curandero — igúabíchir.

« llama al curandero	igúabichir be sécolo.
Cutarras	cutar.
Cutis	ucá.

D

Danta	molí, molí chapúr.
Daño	istárcheéte.
Deber	penguilete.
« debo cinco reales	máni atále an penguilet.
Decir la verdad	chún chóquete.
Dedo	cohué.
— del pié	málicohúal.
Deme Vd. agua	ti ánga úisutágue.
Deme Vd. un vaso de agua	ánga vasó ti úisutágue.
Deme Vd. de beber	ánga ocópegal.
¿ De quien ?	tégua.
¿ De quien es esta casa ?	iti néca tégua gáti.
Derretido	acpús.
Desatar	echique.
Descansar	ulúcus.
¿ Quieres descansar ?	pe ulúcusbié ?
Descansaremos un rato	iti guen nen úis ulúcus guela

« no hay tiempo para que cuena ulúcusguéla.
  descansar

Desgana de comer	que cúnoet.
Desgracia	nappóet.
Deshonestamente (hablar-)	acalácaláte chumáque.
Desmayarse	pustániqui.
Desnudarse	molá echúquete.
Despacio	piná.
« muy despacio	piná piná.
Despertar	atáquet.
Detrás	chólbal, muchúpu.
« se quedo por detrás	chólbal épeja.
« escondido detras de los arboles	chápi chólbal epéja méle atanmálo.
Deuda	pinguilete.
Dia	ipá.
Diente	núcal.
Diez	ambégui.
Diluvio	sasartiguial.
Dios	Dios, quilúlele.
Disparates	nosnós.
« hablar disparates	nosnós chumáque.
Doce	ambégui caca pocúa.
Doncella (pesc.)	tuqués.
Donde	piáje.
¿ Donde esta tu casa?	pe néca piá epéja?
« mi casa esta por detras	annéca cuepúr muchúpu.

« del pueblo	maibali.
« la ultima del rio	iti ti napi néca te angáti.
Dolor	numáque.
« dolor de cabeza	chaglá numáque.
Dormir	capié.
Dos	pócua.
Dulce	ochigúa, ostiqúit.
« cafe sin dulce	capi sayégua.
Duro	chéle.

E

Ebrio	mumunú.
Escaso	acunicáte.
Eclipsa de sol	tatá e gualcal acálba.
Embarazada (mujer-)	cuámtiquit.
« animal embarazado	osabálmai.
Embarrar	gualpírchiat.
Enaguas	punégal.
Enamorar	puná epincháet.
Encajonado (rio muy-)	ti itiquiga acúa coálcoál.
Encerrar	chactiet.
Encia	núcalchiét.
Encontrar	apini, ono.

¿ Encontraste alguno por el camino ?   icarbáli amalcúen be apiní.

Encontre a mi amigo J.   an hai J. unilaatác.

« no hemos podido encontrar al capitan   quegúe onótulé captána.

Encorvado   chorchíqui manédi.

Enderezar   octicógal.

¿ En donde vives ?   piáje bé ichi.

¿En donde tienes tus sembras ? tu roza ?   piáje pe yalmai, piáje be chapúrchit.

« en la sierra, lejos   untár panabájal.

Enemigo   pilí.

Enfermedad. — Casi te mueres de la enfermedad   napi ichejáte pe oguigúo.

Enfermo   quecujal.

¿ Estas enfermo ?   pe quecújal ?

« estoy muy enfermo   guilubu quecújal.

Engañar   cacánal.

Enseñar   otúrtaque, oyómal.

« nos enseñaras el camino   icarbáli pe nénga oyómal.

Entender   ito.

« yo no entiendo lo queme dices   anbégúi ito chúli.

Entendimiento   guichir.

Enterrar   tigué.

Epidemia	chule.
Eructar	mas istár istógue.
Escalera	arsána.
Escama	hugúa ucá.
Escarmiento	turláquegal.
Escoba · .	néca túrruiye.
Escojer	bulnaprichúgal.
Escoje lo que mas le gusta	bulnapricháque be chúo.
Esconderse	ocuitaguer.
Escremento	saabi.
Escrivano	cartá nármaque.
Escuchar ⦁	maguitogue.
Escucha !	maguito.
Escupir	cuiégua.
Ese (pr)	ati.
Espabé (arb)	pino.
Espada	echá sequiti.
Espantar	ocuyégal.
« se espantó de un fantasma	imalguin nué ocuyégate.
Espejo	púrtiquet.
Esperar	apintácuélo.
Espina	icó.
Espinazo	chumúr yancála.
Espiritu	ibi itriguine.
Este (pr)	iti.
Estio	yonéc húgue.

Estornudar	hachú colmáque.
Estrella	nichéni.
Estropear	nappímal.
El viaje nos ha estro- peado mucho y qui- eremos descansar al- go	guilúb nappímal nen úis nlúcusguela.
Eterno	quil.
« padre eterno	quil chénti, quil pap.

F

Familia	chuírganá.
Fermentar	numaiglúto.
Ferrocarril	nábsa chóulú.
Fiebre	húgal.
Fiero	humóe.
Flaco	calágua.
Flauta	comó.
Flecha	aqúet.
Flojo	amtár.
Flor	tut.
Forastero	guacá.
Fósforos	canél ocáete.

Fragrante (buen olor)	napúi yapáne.
Fregar	eliét.
Frente	pepé.
Frio	támpe.
« tengo frio	támpe itogúete.
« hace frio	támpe nicáte.
Fruto	ibcúnet.
Fuego	cumáque, chó.
Fulminantes	quinqui cúrquina.
Furioso	istár loiejéti.
Fusil	quinquí.
Fusil de dos tiros	quinquí tar poguéti.

G

Gallina	canírpúna.
Gallinazo	mulá.
Gallinete	cuáchir.
Gallo	canír máchi.
Ganas de comer	mascúne itóguer.
Gancho	aquét.
Garrapata	quésnu.
Garza	cacármátar.
Gato	mis.

— solo	achú gualguéna.
— de manada	achú pan.
Gavilan	chulubá.
Genero	móla.
Gente India	tulémalá.
— blanca	guacá chipugúa.
— de color	guacá chichití.
— del Chocó	nucál malá.
Gobernador	chaglá chéni.
Golondrina	guírso.
Golpe de mar	paltiguilúb.
Gordo	abícuámuguétmai
Grande	quáyártan.
Grillos	malíetinoét.
Gritar	cánticolmáque.
Guacamayo	nalú.
Guagára (arb)	choscuá.
Guarapo	ayá lichá.
Guerrear	pilí guimané.
Guia de camino	icál ituét.
Guineo	matún.
Guisado	oguínal.
Gusano	nusá.
Gustar	itóguelit.
Gusto	naprí.

H

Hablar — chúmaque.

« esta hablando — imíschúmaque.

Amigo, porque no quieres hablar con nosotros ? — Ayá unipé nenga ab-chóchúli.

— bajo — pina chúmaque.

— Cuna — tulé cac chúmaque.

Hace tiempo — guilúbchit.

Hace mucho tiempo que no he visto a tu hermano — ipénacár pe húrpa atá chúli.

Hacer,—¿ Que estas haciendo ? — ibí be che ichí.

Hacha — acaná.

Hamaca — cachí.

Hambre — ucúr.

« tengo hambre — ucúr an itoguéte.

« me estoy muriendo de hambre — ucúr an mostániqui.

« tanta hambre tengo que estoy para desmayarme — ati ucúr an mostániqui.

Haragan	amtár.
Harina	úpi.
Hechicero	lelé, leré.
Hediondo	istár yapané.
Hembra	puná.
Hermana mayor	puná tumáti.
— menor	puná chéni.
Hermano mayor	yayáte.
— menor	hurpa.
Hervir	corcormáque.
«esta hirviendo el agua	ti corcormáquet.
Hierro	náli.
Hija, dice el padre	Chiscua.
— dice la madre	puná.
Hijo, dice el padre	chus. nuchu.
— dice la madre	yayát.
Hilo	tupá.
Hoja	cáglia, chapíca.
Hombre.	mastól.
— de juicio.	mastól nuhuéti.
Hombro	cuicán.
Hormiga	quilí.
Huellas (seguir las-)	cánanonója.
Huerfano	mejámal chúli.
Hueso	calá.
Huevo	ála.
Huir, se huyo toda la-gente	pel tulémála guaquíja.

Humedo	chuchú.
Humo	chógual.
Huracan	negó istár coldánique.

I

Iglesia	Dios énannéca.
Ignorar	guichúli.
Igual	impáguine.
Iguana	áni.
Inapetencia	quecúnoct.
Incendio	cumacal.
Indio Cuna	tulé.
— Chocoe	núcal.
Indispuesto (estoy-)	anchapál chaál.
Interprete	tulé cac nipúrve.
« aqui hay interprete	tulé cac nipúrve nen nicáte.
nvierno	tiquió.
Ir	naó.
¿ A donde iba el?	abí piáje nanédi ?
« el iba rio arriba	ti nacuiál antác.
« se fue para el monte	chapúrgua quinégua.
isla	tubú.

J

Jabon	molgá ocá.
Javali	yanú chapúr.
Jefe	urunía.
Jicotea	patíqui.
Jobo	chúgual.
Jugar	totáé.

L

Labios	cacá úlba.
Lacre	amím.
Ladrar	colmáque.
Ladron	atúrsaet.
Laguna	matá.
Largo	panál.
« el camino esta lago	icárbal untár panábi.
Lastre	osóbal, ucúbi.
Lavarse las manos	ancal enúquete.

Lavar	enúquet.
Leche	nuu.
Lechuza	cuiél.
Lejos	panába.
Lengua	guápin.
Leña	choána.
Leon	achú quineti.
Levantarse, me levanté muy bien	cachál an cúiscujáte.
Libro	cartá namarcáleti.
Limon	núsnalás.
Limpio	enúquet.
Liquido	titírigue.
Liso	chuíligua.
Loco	loiejete.
Lodo	olívi.
Loma	yalá.
Loro	quaquá.
Luchar	calitóguet.
Lugar del fuego	chó chiét.
Lugar del hechicero	carró.
Luna	ni.

LL

Llama	talál.
Llamar	secólo.
Llamaremos al cacique.	tulé machárret nen secól-malo.
Llamarse	nucá.
¿ Como te llamas ?	ibí pe nucá
« me llamo P.	P. annucá.
¿ Como se llama este arbol ?	te chapi ibi nucá ?
Llano	nepá chuiluga.
Llave	yávi.
de la escopeta	quinquí palá.
llegar	omos.
« estamos para llegar.	necá omodániqui
« Graciás a Dios llegámos	Dios ulguine nen omós.
Llorar	pogué.
Llover	tiguíé.
« quiere llover	tiguíedániqui.
Lluvia	ti, tiguíe, tigual.

M

Machete	esnoú, écha.
Macho	máchi.
Madre	naná.
Maduro	tiiágua.
Maiz	opá.
Majagua	chaguá tupú.
Mal estado	istármai.
« tu casa esta en mal estado	pe néca istármai.
Mamar	nuúbie.
« el niño esta llorando, dale de mamar	echus pogúe pe nuúbie.
Mamey	manú.
Manchado	parpátiqui.
Mano.	chúncal.
Manso	ichégua.
Manta	atequeti
Manteca	cualú.
Manzanillo.	chóguaquáquisnicáte (?)
Mañana (a la -)	guéitar, guácur.
Mar	telmál.
Marañon	cusúb.

Marea	muné.
Mas, mas de diez	ipa ambégui cuéna.
Masa, para hacer chicha	mejíque.
Mascar	cúne.
Matar	tulé sarsója.
Mate a dos en la guerra	pocúa an mecháte
Material (casa de —)	acúa néca
Matraca	churcúa, nápa.
Matrimonio	puná ibáet.
Medicina	inagúa.
Medio del año	pircá apála.
Mediodia	ipé yorocú.
Memoria	chaglá tutú.
Menear el hamaca	alpan.
Menor	chénimalá.
Mentira	cacána.
Mes	ni, nèguilupú.
Mesa	mesa.
Meterse, se metió el sol	tarnúer arcúanáli.
Miedo, tiene mucho miedo	untártope.
Miel	achá.
Mil	tulágualá buená.
Mojado	guálaguá.
Mojoso	chamestánique.
Moler	ecúr.
— caña	cayá ecúrué.
Molestar, no quieremos	nen nuhúeti calmáque.

molestarle	tániqui.
Mondongo	chábi.
Mono	chulú.
» cotudo ó colorado	hulúl.
» cariblanco	quecá.
» tity	titi.
Monte	chapúr.
« tierra de monte	chapúr máta.
« tierra de monte espeso	chapúr máta chunabíte.
Montear	capál ib amíne.
Morado	yoqúinicúgal.
Morder	cunáli.
Mordido de culebra	nágpe tulé cunálile.
Morir	purqúe, oguigúgal.
« esta para morirse	purque danique.
« esta muriendose	napíiche oguigúgal.
Mosca	cucúr.
Mosquito	cúié.
Muchacha	puná.
Muchacho	máchigúa.
Mucho	untár.
Muela	núcal tumáti.
Muerto	oguigú.
Mujer	punágua.
Mundo	nechaglaún.
Murlo	tugúal.
Muñeca	eguála.

N

Nacer	ampágua.
Nada	iguén chúli.
Naranja	nalás.
Nariz	achué.
Naufragio	hulú obpisále.
Nave	hulúgua.
Negro	chichíti.
Nieblina	ti apúr.
Nigua	masá.
Niño	chuir, chus.
— de pecho	mimigua.
No	chúli.
Noche	mútiqui.
— sin luna	mútiqui ni chúli.
No lo puedo decir, pero tengo dolores muy fuertes	que chóquete pel an. nágpigu.
Nombre	nusaét.
No puede ser	tedi chúli.
Norte	yolá.
No sé	an gui chúli.
Nublado	atigál.

Nuera	machi e punágua.
Nueve	paquébágue.
Nuevo	pіní.
Name	guacubú.

O

Obrar	satuné.
Ochenta	tulá paquégua.
Ocho	pabacá.
Oir	itó.
Ojo	imiá.
Ola	telmámulú.
Oler	yapáne.
Olor	guaguá.
« buen olor	guaguá yapáne.
Olvidar	iguejáte.
Ombligo	chimunú.
Once	ambégui cacá cuénchique.
Orbe	nechaglaun.
Oreja	huguá.
Orilla	cacábal.
— del rio	ticacábal.
— del mar	telmál cacábal.

Orines	guiné.
Oro	olo.
Oropendula.	tul.
Oscurecer, cuando empieza a oscurecer	tatá arcuánete.
Oscuro	. chichíti.
Ostiones	chalú chipigúa.
Otó	tarcúa.

P

Paciencia, (tengo —)	pinapinagua.
Padre	pap.
— ,sacerdote	patíri.
Pagar	penuquet.
« te pagare bien	cárque an bega penuco.
¿ Cuanto pagaste por la manta ?	picúa be penúsatúguet. púquet.
Paisano (mi)	anmala.
Pajáro	yocúcur, chicúi.
Pajui	chiglí chapúr.
Palanca	húsgual.
Palma de la mano	chúncal motá.
Palo	gual.

— frio	gual tamíbi.
— de balza	ucúr gual.
Paloma	nuúo.
Pantorilla	malí gual.
Papayo	querquér.
Papel	cartá.
Parar, nos pararemos adelante	jabal namalá.
Pariente	mejáti pána.
Parir	ampágui.
Partes genitales de la mujer	chúspa.
Pasado, (tiempo —)	igújal.
Pasar	yaquirgugal.
« pasó la lluvia	ti yaquirgu.
Pasear	calmáli.
¿ Te fuiste alli á pasear ?	tebáli pe calmáli.
Pato	nagmataná.
Patria	annéca (mi casa).
Pavo	chigli.
Payla	esmet e tumati.
Pecho	tuiscál.
Pedir	erquíja.
Pegar	pibioné.
Peiñe	cuia.
— de marfil	cuia chipú.
Peligro (en —)	aguicherso.

Pelilargo	chaglásoquit.
Pelo	chaglágua.
Penis	icó.
Pensar	pinchéte.
Peña	acúa mulú.
Pequeño,	totógua, chéni.
Perder	peniéngu.
¿ Que perdiste ?	ibi pe peniéngú ?
« no podemos perder tiempó	que cuéna nanga epemálo itiguiné.
Perdiz	pútu.
Perezoso	antár.
Perico	cuili.
Perla	chalú acúa.
Permiso, que nos de el permiso para pasar por sus tierras.	pe pecuámal nen negál.
Periodos de la mujer	niguilúbu.
Perro	achú.
Perro mulato	yocór.
Pescado	hugúa.
Petaca	carpá.
Picante	cappi.
Pico verde (paj.)	quisquis.
Pico prieto (paj.)	chalcacá.
Piedra	acúa.
Pié	mali.
Pierna	tugúal yocór.

Pijibay	nalubú.
Peña	cholé.
Piojo	cu.
Plata	maníya.
Platanar	máchigangúi.
Platanillo	t'acár.
Platano	máchi.
— maduro	tilagúa.
— amarillo	nilacúa.
Plato hondo	nal nucúgua,
Pleito	pili.
Plomo	quinicua.
Pluma	chácan.
Poblado de barba	chirpuláleti.
Pobre	iguénnicá chúli.
Poco	ichégua.
Polilla	chogúalmáe.
Pollo	canir chéni.
Polvo	nabsá sipiléti.
Polvora	quinicúbi.
Ponerse a la sombra, « nos pondremos a la sombra, el sol esta muy ferte y es tiempo de sestear.	chapi úlbal nen epemálo ipé untár urrúe úis ítógue malsó.
Poner termino	nugúer ocús.
Poniente	tatá arcuáneti.
Porqueria	túrgua.

¿ Porque te vas ?   ibiga bené ?

Portorico (palo)   húca.

Posada, ¿adonde encon-   tan nemalá piáje nen
traremos posada ?   tocó ?

Prado   nepá.

Presente, (tiempo —)   imiscúa.

Prestar   prestancháe.

« prestame diez reales.   angá maniaí ambégui
                                   prestancháe.

Primavera   napíjtiguié.

Principio del año   pirca omóscua.

Prometer   queúquet.

« me prometió un pa-   molchaglá molá ega angá
ñuelo   quenúco.

Pronto   cueyégue.

« que venga pronto   cueyégue taquégal.

Pubertad,(muger antes   punágua chapinsáleti.
de la —)

—(muger despues de la-)   punágua chonáte.

Pueblo   cuepúr.

« ese es de mi pueblo   atí an ne cuepúr.

Puente   gual pirmécuet.

Puerco   chiná.

Puerta   necguánab.

Puerto   telmál cacábal (orilla del
                                   mar).

Q

¿ Que ?	ibi ?
Quebrada	ti angámbal.
Quedarse	epéja.
« nos quedaremos de noche en el camino	techúlil icárbal nen capó
Quejarse	nacpoé.
Quemarse	cumáque.
Que te vayas bien	nuhúe be nanáo.
¿ Que tienes ?	ibi quecús ?
Quieto	póchi.
Quitar	aguircher.
Quizas	calcutáque.

R

Raiz	maligual.
Rama	gualcaná.
Rana	noó.

Raton	nuchá.
Rayo	maná acúa.
Razon, tiene —	naprí chóquet.
« tu tienes razon	napri be chóquet.
« tu no tienes razon	pé nója.
Real	maní.
Recelo, (¿ de que tie- nes — ?)	ibíga be ocuie.
Recibir	apincháet.
¿ Que has recibido ?	ibí pe apincháet.
Red para pescar	hugúa cáet.
Redondo	olológua.
Regalar, te regalare un vestido bonito	molyágue napritalegue. an begui cuénuco.
Regar la casa	néca timimié.
Rehusar	yapá.
Reir	alepitár.
Relampago	punúa quebetánique.
Reloj	horá guilúbu.
Remo	quinpalmáquet.
Rencor, tener rencor contra otro	anmal istár antáquet,
Resbaloso	olivi sunabite.
« cuesta resbaladiza	yalque lute oteyó.
Resfrio	tampécojál.
Retrato	ibiguilúbu.
Rey	rei.
Rezon	hulú etinóete.

Rincon	cumbal.
Rio	ti, tigúala.
Risa	aléji.
Robusto	mascántiqui, cuamáguet.
Rodilla	uchúp.
Ropa	molá.
Roza	chapúr yalá.
Ruido	itó.

S

Saber	gúi.
« el no sabe	abi gui chúli.
« sabe hablar bien	ichó chumáque.
Saborrear	itogúet.
Sacerdote	patiri.
Sagino	huertár.
Sal de piedra	paló nu sacáleti.
— molido.	paló upiléti.
Salado	palónicáte.
« agua salada	paltı.
Salir	noáli.
« cuando esta saliendo el sol	tatá queb noáli.
« ya salió el sol	tatá noáli.

Saliva	cuié.
Salto de agua	chúquemúlu.
Saludar, cuando llegues a tu casa, saluda a todos	néca notópil nuquéga pel begachóco.
Sanar	nutáque.
« podra sanar	queb nutáque.
« sanó ya	ɼato nugújal.
Sano	nuhúer.
« ahora estoy sano	imis nuhúer nugújal.
Sangre	apé
Santos	Dios e núchu.
Sapayo	mogué.
Sabána	nepá.
Sábana	atequéti.
Seco	tiná.
Sed, (tengo —)	ticopé itolégue.
Seguir	nanédi.
Siga su camino	icálbal ampánanedi.
Seis	nercúa, nercira.
Semana	chimán.
Sembrar	tigué.
Sesenta	tulá pagúa.
Si	ee, etó.
Siempre tiene fusil en la mano	pali quinquí caét.
Siempre tiene flecha en la mano	palí aquét epuét.

Sienes	pép.
Sientate	pe chicúe.
Siete	cublegué.
Silla	siyá.
— de montar	cabái argúin chíet.
Sobrina	omé chircúa.
Sobrino	nicá.
Soga del hamaca	caspá punná.
Sol	tata, ipé.
Solo	cuenágua.
Sombra	ibgúilubsája.
Sombrero	curqúina.
Soñar	púrtaquet.
Soplar el fuego	chó mutáque.
Sordo	uguá atígul.
Sortija	coué ìnyógue.
Sosegar	nugúe chúmaque.
Sospechar	epínchee.
Suciedad	turgúa.
Sudar	yer naqúin májate.
« estoy sudando a granizos	sàgár anguìro májate.
Suegra, madre de la mujer.	punágua e nan.
« madre del hombre	mastól e nan.
Suegro, padre de la mujer	punágua e pap.
« padre del hombre	mastól e pap.

Sueño	capié.
Sufrir	quecúja.
« mi padre esta sufriendo mucho	an pap quilúbu quecúja.
Susto	ocuiét.

T

Tabaco	gualá.
Tabla	hulgó.
Tacto	itóquérqui.
Tagua, marfil vegetal	chamúcua.
Tamales	masató.
Tarde, (a la —)	chetó
Tasa	murúcua.
Techo	néca nigpa.
« el techo de tu casa esta muy malo y el agua pasa édentro	pe néca nígpa chagliá nunú ti yárqui.
Temblar	tutu.
« esta temblando la tierra	néca tutu maqúet.
Tener miedo	topémal.
Ternero	molí e nuchú.
Tesoro	maní guilúbu.

Testes	alucúa.
Tetas	nuó.
Tiburon	huguá tulé cúne.
Tiempo bueno	nuhuérgui.
— presente	imíscua.
Tiempo pasado	igújal.
— venidero	quebtaniqui.
Tierno	tutugúa.
Tierra	nábsa.
Tigre	achú parpáti.
Tijeras	tìsla.
Timon	huluchál balcaét.
Tinaja	ti chiét.
Tia	amá.
Tio	quìlú.
Tirar	quinqui partáquet.
« sabe tirar bien	naprí quinquí partáquet
Tison	chóaná.
Titiritar	sarsás.
« estoy titiritando de frio	sarsás an támpe niçá.
« estoy titiritando de fiebre	sarsás an hugál nicá.
Toalla	arrcál eliét.
Tobillo	yocór.
Tocador de flauta	comotóro.
Tocar	taquégal.
Tocino	cualú maquí.

Tormenta	maná urué.
Toro	molí máchi.
Tortuga	monó.
Tostado	tinágua.
Totuma	nocá.
Trabajar	arpagúet.
« vamos á trabajar.	arpánemála.
« ese trabaja mucho	ití yer arpáguet.
Traer	chetáque.
« traeleña	egá chógual chetáque.
Tragar	itóguer.
Traicion	muchúpu.
Trapiche	cayá e curuéga.
Trasparente	hurtalétalé.
Trece	ambégui cacá paquégua·
Treinta	tulá buená cacá ambégui.
Tres	pagúa
Triste	itórquesi.
Tronco	gual inócua.
Trueños	maná.
Tuco	chogúalquia.
Tuetano.	tugúal e calá.
Tule	mandú.

U

Uno	cuénchique.
Uña	cohué tucúlal.

V

Vaca	molí tulá.
Vadear	cacábal.
¿ se podra vadear el rio	cacábal que ti benegal.
Valer	maní guilubú.
¿ Cuanto vale eso ?	te maní picúa.
Valle	nepá.
Valor, (tiene —)	topchúli.
Vapor	talmál cho hulú.
Vecino	apirmála.
Veinte	tulábuená.
Veinte uno	tulábuená caca cuénchique.

Vejiga	guiné cheyét,
Vela	talmál molá.
Vello	abꞩálvit.
Vena	ape tupú.
Venado	cogué.
Vender	uquégal.
¿ No tienes algo que vender nos ?	ibi nenga uquégal.
Venenoso	quis, quisnicáte.
Venidero, (tiempo —)	guebtániqui.
Venir	taníque.
« vengo de casa	nécaje an taníqui.
« vengo de la iglesia	Dios enan necáje an taníqui.
¿ Cuando Veniste?	inácuaníqui
Ver	atac.
« no lo puedo ver	istar antáquet.
Verano	nec yolá.
Verde	alulúa.
Verdura	masapíngulet.
Vestido	yóque.
Vestirse	molá yóquete.
Viajar	nanédi.
« estar de viaje	queb náne.
Vibora	tabá.
Viejo	patóguit.
Viento	punúa.
— del Norte	yol punúa.

— del Sur	ti punúa.
— del Este	ipé noál punúa.
— del Oeste	tatá acuánet punúa.
Viroli	masálgual.
Visitaflor	pané.
Visitar	pasiánchedi tulénéca.
Viuda	mastól chúli.
Viudo	punágua chúli.
Vive mucho porque Dios lo cuida.	guilúl tulé Dios atúquet
Vivir	tulégua.
¿ Quien vive alli ?	tebáli tegúachi
Vivo	ampátulá.
Volcan	nábsa cho pálmie.
Voluntad	etó.
Volver	nonóco.
— para la fiesta vuelvo	Dios nan seguílub tese nonóco.
Vomito	aquét.
Vuelto, el camino da muchas vueltas	icárbal piná nanédi.

Y

Yerba	hucá.
— del mar	telmál pulá.
Yerno	chircúa e mástol.
Yuca	mamá.

Z

Zapato	nacúca.
Zarza	charquitup.
Zorra	táchi.

Padre Nuestro en lengua Cuna —

Quil pap nengátite, pap nenguine péchigui nitá lalnéca cuichichi, penúcaguine peguilúbu guine pe chógue pepinchéguin, napáguine mepá ayópi. Matá nanguine panépane hoipósnangá úco pe amál chocóte móga nen pénguilmál nenditégo chaó nen pénguilmála, mélegue nen arcuáno niyá unál nánguchao, Señor ibi istar teyópi.

ALGUNAS PALABRAS

DE LA LENGUA SECRETA DE LOS LELES O ADIVINOS

Tigre	purtiquét imia.
Jabali	upicuácal.
Sagino	yóble yapáne.
Iguana	taquiá yancál.
Conejo machango	naputuómaet.
Venado	cohué impábali núchi.
Pescado	tárguinan cucháte.
Danta	nabsa quina pimucuét.
Gallina	necputú.
Perdiz	chaná apáglaquinet.
Guacamayo	chaglá inder arcuáno.
Arroz	chiquimachi.
Mono	tárgui chúmpa ihajáte.
Mono cotudo	chápi tuquin,
«	cáglia guniti copéte.
Ardila	mascún sogaléte punó.
Palma de coco	maliguál cuéquichi.

NOMBRES DE LUGARES RIOS, ETC.

DE LA COMARCA DEL DARIEN PERTENECIÈNTES AL IDIOMA CUNA

Pinógana	abundancia de espabes.
Tapágana.	abundancia de corotus.
Púturgana	abundancia de perdices.
Cutí	rio de piojos.
Acandí	rio de hachas.
Acuanéca	casa de material, yaviza.
Tipini	rio de muchas vueltas.
Ucúrgandí	rio de balzas.
Masálgandi	rio de virolis.
Tuquespáti	rio del pescado doncela.
Muchúnti	rio detras del otro.
Túpisa	rio de bejucos.
Tiórti	rio de oro.
Arquiáti	rio del pescado bocabajo.
Tuilaguál	rio de muchos tornos.
Juanácati	rio cuya boca se hizo a intento.

Yápe	rio de poca bajeria.
Púcuru	rio de las juntas.
Masalaquin	rio del pequeño matojo de viroli.
Tápalisa	rio y pueblo; -asi se llama un arbol.
Patupána	rio de cazar patos a distancia.
Tapanéca	casa de corotus.
Matungándi	rio de guineales.
Guanacánti	rio de berbales.
Niquéya	lugar profundo.
Matánaganti	rio enteramente plano.
Mindí	cienega.
Narregándi	rio de ahumar.
Cucúnati	rio de muchos piojos.
Cupúnati	rio de piojos permanentes
Iscúinti	rio de la supersticion.
Cúiti	rio de mosquitos.
Artigáti	rio de calacardios.
Mortí	rio de dantas.
Asnáti	rio de abejas.
Chucúrti	rio muy corto.
Chiáti	rio de cacao.
Chuéti	rio de peste.
Tubgánti	rio de muchas puntas.
Metéti	rio del caldero.
Pirseyála	loma atraves del rio.

Tucúti	pueblo y rio del pez « peje perro. »
Taimáti	rio de lagartos.
Chápigána	abundancia de arboles.
Molinéca	casa de vacas.
Guaneca	pueblo de Sta-Maria de Balboa.
Titumáti	rio navegable.
Tipóguanti	rio de una frutilla que comen los animales.
Tugrá	rio del diablo ó del espiritu malo.
Tánel	rio de reposo.
Copéti	rio de dormida.
Panamá	ciudad capital del Estado. Aunque la version antigua de como significacion de la palabra Panamá, *abundancia de pescados*, favorezco mas la version a mi dada por los Indios Cunas : que el nombre de Panamá viene de que en este lugar (Panamá viejo) venia a recrearse el cacique principal de aquellas partes y que

acostado en una hamaca
lo mecian sus vasallos:
de alli, lugar de recreo,
alpanam, mecer la ha-
maca ; *alpanama quet*
lo meció, ló estuvo me-
ciendo.

www.ingramcontent.com/pod-product-compliance
Lightning Source LLC
Chambersburg PA
CBHW071636040426
42452CB00009B/1654